Jasurbek Jumaniyozov

Satrlarda Sinalgan SABR

Jasurbek Jumaniyozov

Satrlarda Sinalgan SABR

Otashin qalbning nidolarini jam etgan to'plam

JustFiction Edition

Imprint
Any brand names and product names mentioned in this book are subject to trademark, brand or patent protection and are trademarks or registered trademarks of their respective holders. The use of brand names, product names, common names, trade names, product descriptions etc. even without a particular marking in this work is in no way to be construed to mean that such names may be regarded as unrestricted in respect of trademark and brand protection legislation and could thus be used by anyone.

Cover image: www.ingimage.com

Publisher:
JustFiction! Edition
is a trademark of
Dodo Books Indian Ocean Ltd. and OmniScriptum S.R.L publishing group

120 High Road, East Finchley, London, N2 9ED, United Kingdom
Str. Armeneasca 28/1, office 1, Chisinau MD-2012, Republic of Moldova, Europe
Printed at: see last page
ISBN: 978-620-3-57909-3

SATRLARDA SINALGAN SABR

JUMANIYOZOV JASURBEK OTABOYEVICH

(She'rlar to'plami)

USHBU KITOB MUALLIF TOMONIDAN UNING OILA A'ZOLARIGA BAG'ISHLAB YOZILGAN

MUQADDIMA

Ushbu kitobdagi she'rlar hayotining ayni gullagan davrini, salkam 10 yillik umrini Vatandan yiroqda, vatan sog'inchi bilan taqdir taqozosi ila o'zga yurtlarda o'tkazishga majbur bo'lgan bir insonning musofirlikdagi hayoti davomida o'z ko'rgan-kechirganlarini, dil so'zlarini qog'ozga tushirishi asnosida yaralgan dilga yaqin, hayotiy misralardir!

Bu she'rlar bugungi kungacha oq qog'oz parchalari, eski daftar sahifalari orasidan joy olgan edi.

Bugun biz sizga, siz aziz kitobxonlarga, taqdim qilmoqchi bo'lgan bu kitobda hayot sinovlari, ota-onaga, oilaga bo'lgan muhabbat, vatan madhi, vatanga bo'lgan sog'inch va shu kabi bir qancha dilga yaqin mavzulardagi ta'sirli, bir-biridan ajoyib she'rlar o'rin olgan.

Kitobdagi barcha she'rlar hayotiy voqealar asosida yozilgan bo'lib, qizi bu she'rlarning oq qog'oz parchalarida va eski daftar varaqlarida qolishini xohlamay otasining tavallud ayyomi munosabati bilan yaxlit bir kitobcha holida sovg'a qilishga bo'lgan harakatlari va ishtiyoqi orqali bugun bu she'rlar bir kitobga jamlandi.

ONAM YIG'LAR

Vatandan bo'lsa ayro
Ayro tushgan odam yig'lar,
Mazlumlikda bo'lsam ado
Mening uchun onam yig'lar.

Dunyo vafo bilmas ekan
Dardin chekkan odam yig'lar,
Oyog'imga kirsa tikan
Mening uchun onam yig'lar.

Hayot yo'li bo'lsa azob,
Unda yurgan odam yig'lar.
Dunyo menga qilsa g'azab,
Mening uchun onam yig'lar.

Yor vasli yodga tushib,
Yorin sevgan odam yig'lar.
Yondi o'g'lim deya kuyib,
Mening uchun onam yig'lar.

Farzandlarin sog'inch hissin
Yillab chekkan odam yig'lar,
Gar sog'inib mening ismim
Mening uchun onam yig'lar.

Dunyo vafo bilmas ekan,
Dardin chekkan odam yig'lar.
Oyog'imga kirsa tikon
Mening uchun onam yig'lar.

Hayot yo'li bo'lsa azob,
Unda yurgan odam yig'lar.
Dunyo menga qilsa g'azab,
Mening uchun onam yig'lar.

Yor vaslin yodga tushib
Yorin sevgan odam yig‘lar,
Yondi o‘g‘lim deya kuyib
Mening uchun onam yig‘lar.

Farzandlarin sog‘inch hisin
Yillab chekkan odam yig‘lar,
Gar sog‘inib mening ismim
Mening uchun onam yig‘lar.

Bu dunyoning baland-pastin
Yurib ko‘rgan odam yig‘lar,
Aytsam agar sizga rostin
Mening uchun onam yig‘lar.

Foniy dunyo yelday o‘tsa,
Umri o‘tgan odam yig‘lar.
O‘ylab xayol menga ketsa,
Mening uchun onam yig‘lar.

G‘urbat agar kelsa boshga,
G‘arib bo‘lgan odam yig‘lar.
Kirsa ham u to‘qson yoshga
Mening uchun onam yig‘lar.

G‘am tashvishlar boshdan oshib
G‘amga botgan odam yig‘lar,
Ozod bo‘lsam dildan jo‘shib,
Mening uchun onam yig‘lar.

AZIZIMSAN, AZIZ O‘ZBEKISTONIM!

Islom tug‘in tutib yurar karvonim,
Shavkatli yurtboshi bugun sarbonim,
Qaddimni tik tutay keldi davronim,
Daholarga ta’lim bergan bo‘stonim,
Azizimsan, aziz O‘zbekistonim!

Qadim tarixingdan ozroq so‘zlasam,
Uzoq o‘tmishga boqib ko‘zlasam,
Mard-u mardoningni bir-bir izlasam,
Ming-minggi bag‘ringda o‘sgan bo‘stonim,
Azizimsan, aziz O‘zbekistonim!

Qay birin aytayin Buxoriynimi,
Yo pir-u komil u Naqishbandiyni,
Yetishtirding buyuk Samarqandiyni,
Avliyo pirlarga to‘la bo‘stonim,
Azizimsan, aziz O‘bekistonim!

Yashading ichingda alaming saqlab,
Xursand bugun noming, tarixing oqlab,
Jaloliddin Manguberdini yodlab
Tarixiga nazarin solar bo‘stonim.
Azizimsan, aziz O‘zbekistonim!

Temurning vatan deb qo‘lda qilichi,
Shiroqning o‘limi vatan ilinji,
To‘maris siymosi ayol sevinchi,
Mardlarni yaratgan nurli bo‘stonim,
Azizimsan, aziz O‘zbekistonim!

Shoir va shoh bo‘lgan hindning sultoni
Toabat turgaydir qurgan qo‘rg‘oni,
Nomi o‘chmas Bobur o‘zbek o‘g‘loni,
Farzandlaring boqiy yashar bo‘stonim,
Azizimsan, aziz O‘bekistonim!

So'fi Olloyorning yozgan kitobi,
Navoiyning "Xamsa" she'r-u xitobi
Ichra ayon bo'lar o'zbek odobi,
Madaniyat, ma'rifat bog'u-bo'stonim,
Azizimsan, aziz O'zbekistonim!

Xivaga zeb berar go'zal Sherg'ozi,
Registon ko'rkidir ul Tillakori,
Buxaro, Qo'qon-u Surxonning bori,
Bag'ringda yarashib turgan bo'stonim,
Azizimsan, aziz O'zbekistonim!

Toshkendni o'ylayman ilhomga to'lib,
Jizzaxda dara-yu g'orlaring bo'lib,
Hayratdan vodiyni ko'rgan lol qolib,
Qashqar- Qalpoqni so'zlar bo'stonim
Azizimsan, aziz O'zbekistonim!

Endi Xorazm deb so'zni ochayin,
Tarixin bilganni poyin quchayin,
Yurtimga kerakmi zahar ichayin,
Ko'z qipmay o'limga arzir bo'stonim,
Azizimsan, aziz O'zbekistonim!

Yetim-yesirlarlarning boshin silagan,
Xalqi va farzandin baxtin tilagan,
Allohdan farovon hayot so'ragan,
Yurtboshi yo'liga ziyo bo'stonim,
Azizimsan, aziz O'zbekistonim!

Shunday yurtni kim ham sevmas aytinglar,
Gar bo'lsa adashib ketgan qaytinglar,
Ayni shu dam yurtga qaytish paytinglar,
Muruvvat va mehridaryo bo'stonim,
Azizimsan, aziz O'zbekistonim!

Men ham bir farzanding koʻzi qaroman,
Bagʻringdan uzoqda dili yaroman,
Shu kunlar foydasiz quruq sadoman,
Tez borib xizmating qilay boʻstonim
Azizimsan, aziz Oʻzbekistonim!

DUNYONI LOL QOLDIR, QIZIM

Seni oʻylab hamon orqada koʻzim,
Bu koʻhna olamda sen mening yuzim,
Senga aytar boʻlsam yurakdan soʻzim,
Dunyoni oʻzingga lol qoldir, qizim.

Toʻmarisga boʻlib munosib izdosh,
Vatan-u xalqingga sen boʻlib yoʻldosh,
Iqboling gar porlab munosib quyosh,
Dunyoni oʻzinga lol qoldir, qizim.

Zulfiya sheʻrlarin oʻqib, yod olib,
Uningdek olamni hayratga solib,
Ayol degan nomga sen sodiq qolib,
Dunyoni oʻzingga lol qoldir, qizim.

Kumushdek ahdingga vafoli boʻlib,
Lek uzoq, baxtiyor sen umr koʻrib,
Hamisha yashabon ilhomga toʻlib,
Dunyoni oʻzinga lol qoldir, qizim.

Ajdodlaring kabi boʻlib mardona,
Yovuzlik oʻchogʻin aylab vayrona,
Jumla-yu jahonni qilib hayrona
Dunyoni oʻzingga lol qoldir, qizim.

YOLG‘ON BILAN ARMON

Yolg‘on bilan armon bir tuzildimi,
Bu ko‘xna zo‘r zamon oh buzuldimi,
Og‘a-inilarning o‘rtasidagi
Mehr-oqibati yo uzildimi.

Og‘ayni so‘ziga chog‘ qazildimi,
O‘rniga yaqin do‘st deb yozildimi,
Xotin,bola-chaqam deya yugurib
Qarindoshlik usti, voh, chizildimi.

Dersiz, yolg‘iz qolding, dil ezildimi,
Og‘aynilar qadri yo sezildimi.
Ha, lekin qo‘rqaman dilda yaqinlar,
O‘rniga mol-dunyo, pul sevildimi.

Yo uzoq ketdikmi din-u islomdan,
Ayrilib qoldikmi yoki imondan,
Yaqinni yo‘qlamoq bu ham ibodat,
Yuz burmoq aybdir bunday imkondan.

Hech gina qilmayman Qiblam otamdan,
Nolishga haqqim yo‘q Ka’bam onamdan.
Opa-singilim esa o‘zgaga baxna,
Ozgina xafaman ikki akamdan.

Nega deb so‘rasangiz berayin javob,
Akani yo‘qlamoq ukaga savob.
Balki akalarga joiz bo‘lmasmi,
Imkonsiz ukaning xabarin olmoq.

Men shunday jabrga loyiq edimmi?
Yo noxaq haromdan luqma yedimmi?
Ota-ona, og‘a-inim dilini,
Og‘ritib nojoiz so‘zim dedimmi?

O‘ylab hech o‘yimga yetolmadim men,
Dildagi so‘zimni aytolmadim men.
Qanchalar istasam, intilsamda gar,
Taqdir-u azaldan qocholmadim men.

Ne qilay, hammasi nasiba ekan,
Orzuni hijronlar birzumda yerkan.
Yurakda umid bor, daholar uni,
Inson bilan birga o‘ladi degan.

Bayon etay endi orzu-yu holim,
Umid bor ekan men yasharman jonim,
Diydoringiz kutib jonim tanamda,
Siz borsiz tomirda oqadi qonim.

DIL O‘KINCHI

Umrim bo‘ldi barbod, qolmadi holim,
Dunyo buncha qallob, so‘radi qonim,
Bu ayriliq qiynar, yurakda hijron,
Sog‘inch esa jallod, oladi jonim.

Tushimda yor ko‘zi javdirab boqar,
Bu qarashi yurak-bag‘rimni yoqar.
Seskanib uyg‘onsam, beixtiyor bu
Ko‘zimdan alamli yoshlarim oqar.

Demoqchi bo‘laman o‘ksinma, yorim,
Sen mening hayotim, hayotda borim.
Senga yaxshi bo‘lsin degandim, ammo
Qiynab qo‘ydim seni, kechir, Nigorim.

Bekamis yashatmoq ilinj sizlarni,
G‘am-tashvishga soldim gulday yuzlarni,
Shodlik bermoq istab, ammo alamli
Yoshlarga to‘ldirib qaro ko‘zlarni.

Kechirim so‘rashdan endi ne foyda,
Bir nafi tegarmi dedim, yo‘q, qayda,
Borgan so‘ng baxtingni olib beraman,
Jonim u bo‘lsa ham osmonda, oyda.

Ha, jonim, tuzalar bularning bari,
Sen mening dilimning nomusi, ori.
Shunday qilayin-ki seni ko‘rganlar
Havasla deyishgay Jasurbek yori.

TAQDIR

Yolg'on-u sarobdan ochilmish quchoq,
Bilmadim, qayerdan qurilmish tuzoq,
Qocholmadim g'amdan, hasratdan uzoq,
Sevibmi, sinabmi Allohim bergan
Ne qilay bu mening taqdirim ekan.

Chekkan hasratlarim bag'rimni tildi,
Yorimning ko'zlari yo'limda qoldi,
Bu balo boshimga qayerdan keldi,
Sevibmi, sinabmi Allohim bergan,
Ne qilay, bu mening taqdirim ekan.

Ne holga tushdim men kimsa so'rmadi,
Nelarni chekdim men, hech kim bilmadi,
Duo, tilaklarim qabul bo'lmadi,
Sevibmi, sinabmi Allohim bergan,
Ne qilay, bu mening taqdirim ekan.

Bu yerda men kular kunni topmadim,
Sog'inchdan kuchliroq jabr tortmadim,
Yaqinlar o'yidan sira ortmadim,
Sevibmi, sinabmi Allohim bergan,
Ne qilay, bu mening taqdirim ekan.

Otam turar ko'zim oldida shundoq
Bilaman onamning ko'z yoshi munchoq,
Yorimdan uzoqda men chiday qandoq,
Sevibmi, sinabmi Allohim bergan,
Ne qilay, bu mening taqdirim ekan.

Og'a-inim sog'inch hisi yodimda,
Opa-singlim kashfi surat yonimda,
Turib qiynab meni sog'inch qonimda
Sevibmi, sinabmi Allohim bergan,
Ne qilay bu mening taqdirim ekan.

Bolalarim yoshlik chog‘in eslayman,
Shunday yashash uchun ilinj istayman,
Armon o‘tgan yildan labim tishlayman,
Allohim sevibmi, sinabmi bergan,
Jasurbek der, mening nasibam ekan.

YIG‘LAYDI

Yoz o‘tsa-yu kelsa, gar xazonli kuz,
Yozni qo‘msab, so‘lgan gullar yig‘laydi.
Yor yorga turmasa bo‘lib yuzma-yuz,
Oshiq g‘arib bo‘lgan dillar yig‘laydi.

Yolg‘onchi oshiqqa gar qo‘ysa tuzoq,
Yor yoridan ayro, bo‘sh qolsa quchoq,
Bu holda oshiqlar yashasa uzoq,
Nigorin qucholmay qo‘llar yig‘laydi.

Dunyoni aylabon misoli Jannat,
Yor yori ila gar qurmasa suhbat,
Dili-yu tilini bosibon g‘urbat,
G‘ariblikda qolgan tillar yig‘laydi.

Yor yoridan uzoq otmas tonglari,
Yorin o‘ylab band bo‘ladi onglari,
Umr o‘tar, urmas baxtning bonglari,
Hijronda o‘tgan bu yillar yig‘laydi.

Sog‘inib yurakdan umr yo‘ldoshin,
Sirlarin aytolmay kutib sirdoshin,
Jasurbek ko‘zidan oqqan ko‘z yoshin
Ko‘rsa gar, alamdan sellar yig‘laydi.

ONANGIZNING QADRIN BILING

Yoningizda xursand bo'ling,
Qo'lin o'pib duo oling,
Sizni boqib katta qilgan
Onangizning qadrin biling.

Tilab unga Alloh sabrin,
Keltirmasdan g'azab, qahrin.
Ochiltirib gul-u bahrin,
Onangizning qadrin biling.

Uzoq umr unga tilab,
Shodligiga shodlik ulab,
Oq sochlarin sekin silab,
Onangizning qadrin biling.

Quloq soling o'g'il-qizim,
Aytay sizga dildan so'zim,
Elim ichra meni yuzim,
Onangizning qadrin biling.

Mening yo'g'im bildirmasdan,
Yurak-bag'rin tildirmasdan,
Qalbiga g'am ildirmasdan,
Onangizning qadrin biling.

Ko'nglini xech cho'ktirmasdan,
Ko'z yoshini to'kdirmasdan,
Jasurbekni so'ktirmasdan,
Onangizning qadrin biling.

VAFODORINGMAN

Andoza olib u go‘yoki durdan,
Ko‘z yoshim oqadi misoli marjon.
Ko‘nglimning lolasi ayrilib qirdan,
Yor, sensiz qalbimning bahori hazon.

Ayozli kunlarda qishda qolgandek
Bu tanam muzlagan sovuq qahraton.
Men oysiz, quyoshsiz yerda yurgandek,
Yor sensiz qorong‘u dunyo zimiston.

Yuragim uradi usti muzlagan,
Yuzasi muz, osti qaynoq dengizdek.
Ostida sevgimiz yashaydi, ammo
Yor sensiz alamlar go‘yo cheksizdek.

Juftidan ayrilgan oqqushdek yonib,
Sog‘inchdan men dali devona bo‘ldim.
Har kuni surating bag‘rimga bosib,
Yor sensiz bir kunda ming bora o‘ldim.

Qoya uzra uchar burgutdek mag‘rur,
Yashayman bildirmay alamim yutib.
Ichi bo‘sh chinordek ko‘rsatib g‘urur,
Yor, sensiz yuribman diydoring kutib.

Gohida bulbuldek sayrayman tinmay,
Sevgimiz yurakka beradi quvonch.
Qurigan yog‘ochday yiqilsam bilmay,
Yor, sensiz xech narsa bo‘lolmas tayanch.

Ko‘z yoshim o‘xshatdim marjon-u durga,
Sen lola qalbimni tengladim qirga.
Chinor-u burgutdek mag‘rur bo‘lsam-da,
Yor, sensiz g‘am-tashvish men bilan birga.

Bo‘lsam-da sog‘inchdan dali devona,
Yuragim dengizdek jo‘shib tobora,
Senga bo‘lgan sevgim kuchayib borar,
Yor sening ishqingda bo‘lib parvona.

Kechir yor mendayin jafokoringni,
Umringni yoqqan ul sitamkoringni,
Jasurbek der, lekin unutma sodiq,
Yor sening Oqqushdek vafodoringni.

MENI ESLAB TUR

O‘g‘limning xarxasha qilig‘i ortsa,
Qizimning bo‘ylari gar menga tortsa,
Xar qaysi bir yoning ushlasa, turtsa,
Bu baxtdan shod bo‘lib, gulim, shukur qil,
Ularga qarab, sen meni eslab tur.

Meni esla so‘lsa kamon qosh-ko‘zi,
Kundan kun o‘xshasa ularning yuzi,
Kimdir desa xuddi eringni o‘zi,
Bu baxtdan shod bo‘lib, gulim, shukur qil,
Ularga qarab, sen meni eslab tur.

O‘g‘lim sochin tarab yursa unga zeb,
Qizim yursa doim uyqu g‘amin yeb,
Olmaning tagiga olma tushdi deb,
Bu baxtdan shod bo‘lib, gulim, shukur qil,
Ularga qarab, sen meni eslab tur.

Balki sho‘xliklari o‘tgandir mendan,
Lek hayo, iboni olsinlar sendan,
Mehrini bersalar bizlarga tengdan,
Bu baxtdan shod bo‘lib, gulim, shukur qil,
Ularga qarab, sen meni eslab tur.

Duo qilgin, ular bo‘lsinlar baxtli,
Mansab-u martaba, Sulaymon taxtli,
Bo‘lsalar so‘ziga vafoli, ahdli,
Bu baxtdan shod bo‘lib, gulim, shukur qil.
Ularga qarab, sen meni eslab tur.

Yetarki salomat, sog‘lom yursalar,
To‘g‘ri noto‘g‘rini farqlab bilsalar,
Or-nomus yo‘lida Jasur bo‘lsalar,
Bu baxtdan shod bo‘lib, gulim, shukur qil
Ularga qarab, sen meni eslab tur.

OTA-ONA

Ota-onang tirik, dema baxtim kam,
Ulardir yo'lingni yorutuvchi sham,
Uch kunlik g'am-g'ussa yo zimiston
Qo'rqmagin ular bor, aslo chekma g'am.
Xech qachon yurmagin kibr ostida,
Yurakdan sen bo'lsang jannat qasdida,
Otangni rozi qil, jannat otangning
Duoga ochilgan qo'li ustida.
Dunyodan izlasang mo'jiza hikmat,
Xayr savob kutsang agar beminnat,
Onangni e'zozlab boshda ko'targin,
Onalar oyog'i ostida Jannat.
Qo'rqitsa gar seni ohirat jazosi,
Bilmasin himmating cheki, adosi.
Ota-onang rozi qilgin va bilgin
Ularning duosi Alloh rizosi.
Oyim, quyoshim deb sevding, onajon
Bugun oying sendan juda uzoqda.
Qarisam qalbimni ilitar degan
Quyoshing ham chiqmas yotar tuzoqda.
Quyoshing oldini to'sdi bulutlar,
Umrbod bo'lgandek go'yo yo'ldoshim
Qor-yomg'irlar yog'sa olib Onajon
Yuzingga surt, ular mening ko'z yoshim.
Chaqmoq chaqsa, quchgin farzandlarimni,
Qo'rqmasinlar ular meni mohimdir.
Dadanggizdan xabar keldi de, ona
Gumburdilar chekgan nola-ohimdir.

YURTBOSHIM

Kechani kunduzga yurt deb ulagan,
Xalqiga farovon hayot tilagan,
Yetim-yesirlarning boshin silagan,
Yurtboshim, aytayin chin dildan so'zim,
Men sizga bir umr qilaman ta'zim.

Har ishda bizlarga o'rnak bo'ldingiz,
Hech kimni unutmay ko'nglin bildingiz,
Yoshlarning qalbiga ilhom soldingiz,
Yurtboshim, aytayin chin dildan so'zim,
Men sizga bir umr qilaman ta'zim.

Mardona boryapti siz bosh bu karvon,
Dunyo aqli sizga shoshyapti hayron,
Tan berdi ilojsiz jumla-yu jahon,
Yurtboshim, aytayin chin dildan so'zim,
Men sizga bir umr qilaman ta'zim.

Dunyoni bir ko'zda ko'rib ko'zlaysiz,
Qo'shni davlatlarni o'ylab so'zlaysiz,
Inson tinchligi deb sokin turmaysiz,
Yurtboshim aytayin chin dildan so'zim,
Men sizga bir umr qilaman ta'zim.

O'lkalar aro siz ochib yo'llarni,
Uzatsa do'stona tutib qo'llarni,
Shod-xursand qildingiz g'arib dillarni,
Yurtboshim aytayin chin dildan so'zim,
Men sizga bir umr qilaman ta'zim.

Xastaning xabarin olib holidan,
Tutdingiz ojizni ikki qo'lidan,
Adashganlar ko'rib qaytdi yo'lidan,
Yurtboshim aytayin chin dildan so'zim,
Men sizga bir umr qilaman ta'zim.

Siz bizga ALLOHning bergan in'omi,
Qalbingiz to'ladir Islom imoni,
Olsaydim qo'lingiz bo'lsa imkoni,
Yurtboshim aytayin chin dildan so'zim,
Men sizga bir umr qilaman ta'zim.

Sizda jamdir Amir Temurning shahdi,
Jaloliddin Manguberdinging ahdi,
Sizdayin yurtboshi bu xalqning baxti,
Yurtboshim aytayin chin dildan so'zim,
Men sizga bir umr qilaman ta'zim.

Siz haqda yozsam gar, bo'lmas adosi,
Bu she'r sizga bo'lgan mehrim vafosi,
Gar bo'lsa kechiring so'zim xatosi,
Yurtboshim aytayin chin dildan so'zim,
Men sizga bir umr qilaman ta'zim.

Shu kunlar yurtimdan bo'lsam-da ayro,
Yurtboshi vatanga bu jonim fido,
Xalqimga qilaman yurakdan nido,
Yurtboshim uchun bu chin dildan so'zim,
Jasurbek der siz ham, qilinglar ta'zim.

KERAKDIR

Umrim o‘tdi, ammo turibdi shahdim,
Sinmadim, dilimda nomusim, ahdim,
Ular bor ekan-ku onajon, baxtim
Bir kuni men tamon kelsa kerakdir.

Humo qushi uchib boshim ustidan,
G‘am-g‘ussa voz kechib jonim qasdidan,
Yursam men onajon oyoq ostidan,
Baxtimning shamoli yelsa kerakdir.

Kun kelar ALLOHim men tomon boqib,
Bo‘ynimga omaddan gulchanbar taqib,
Bu g‘arib ko‘nglimning eshigin ochib,
Shodligim dengizdek to‘lsa kerakdir.

Yolg‘onchini, ona, deyishar bir kam,
Yo‘llari alamli azobdan ekan,
Bir kuni oldimda chirmashib o‘sgan
Ajriq tikonlari so‘lsa kerakdir.

Insonlik haqqimni qilmadim hurmat,
Adashdim, yopishdi alamli illat,
Bir kuni ALLOHning menga beminnat
Xayr-u savobi, bo‘lsa kerakdir.

ALLOHim beradi obro‘-mansabni,
Rahimli Rahmondir, qilmas g‘azabni,
Boshdagi mana shu jabr-u azobni
Tez kunda boshimdan olsa kerakdir.

Dillimda hamisha zikri ALLOHim,
Duolarim qabul qilib ilohim,
Afv etsa kechirib mening gunohim,
Siz tomon yo‘limni solsa kerakdir.

Toleyimning omadi bo‘lib yo‘ldoshi,
Farzand-u yorimning tinsa ko‘z-yoshi,
Mening ham baxtimning porlab quyoshi,
Sizlarga nurini sochsa kerakdir.

Xizmatingiz qilib topsam men panoh,
Ko‘rib Robbim bunga gar bo‘lsa guvoh,
So‘ngra rozi bo‘lib, mehribon ALLOH,
Baxt yo‘lin men uchun ochsa kerakdir.

Men uchun qadrli sizning baringiz,
Meni sog‘inchimda o‘tgan damingiz,
Chekkan alam ila g‘ussa-gamingiz
Jasurbek diydori yulsa kerakdir.

ONA

Uyimdan uzoqda nechadir sana
Yaqinlarim ko'rmay yashayman mana
Bu o'tgan yillarga men yona-yona
Birgina umrimni bermadim ona
Bilmadim nelarni oldi u yana

Farzand-u yorimning men kamoliga
Yetolmay dog'daman gul jamoliga
Beshavqat dunyoning bu zavoliga
Birgina umrimni bermadim ona
Bilmadim nelarni oldi u yana

Xizmat qilmasdan Qiblam Otamga
Mehrimni berolmay Kabam Onamga
Hasratda yongancha ushbu olamga
Birgina umrimni bermadim ona
Bilmadim nelarni oldi u yana

Ergashdim aldanib kufr-riyoga
Yaxshi yomon degan tush-u ro'yoga
Ishonib ming armon yolg'on dunyoga
Birgina umrimni bermadim ona
Bilmadim nelarni oldi u yana

Kul qilib o'tkinchi aldov yolg'onga
Orzum aylantirib dardga armonga
Umrimning jilovin tutgan shaytonga
Birgina umrimni bermadim ona
Bilmadim nelarni oldi u yana

Erishib yashaysan davr-u davronga
Yetib olasan deb to'g'ri karvonga
Yo'ldan adashtirgan mal`un sarbonga
Birgina umrimni bermadim ona
Bilmadim nelarni oldi u yana

Boshida aylangan so‘roq- javobga,
Aylandi Jasurbek holi xarobga,
Yaltirab ko‘ringan yolg‘on sarobga
Birgina umrimni bermadim ona,
Bilmadim nelarni oldi u yana.

AYOL SO‘ZLASIN

So‘zlasa qomusin tishida tishlab,
Yurgan nomusga timsol so‘zlasin.
Qolida oila jilovin ushlab
Uy-joyim deydigan ayol so‘zlasin.

Erining so‘zini chin dildan uqib,
Oila sirini to‘zg‘itmay, yig‘ib,
Bir-biridan shirin farzandlar tug‘ib,
O‘zidan ko‘paygan ayol so‘zlasin.

Farzand deb yantoqni paxtadek tergan,
Bir umr oila g‘amida yurgan,
Farzand-u yoriga mehrini bergan
Mehribon, mehrli ayol so‘zlasin.

Bola deb yoshlikning bahridan o‘tib,
Farzandiga sharbat, bol, asal tutib,
Chanqasa gar o‘zi, tuprigin yutib
Yashagan fidokor ayol so‘zlasin.

Bolasin har doim oq yuvib, tarab,
Qaynona, qaynota kuniga yarab,
Erining istag-u rayiga qarab
Ish ko‘rar xushzabon ayol so‘zlasin.

Ro‘molda yurar u, lek uzun sochli,
Malakdek chiroyli yor qo‘shma qoshli,
Hech kimga tik boqmas gar egig boshli
Muloyim, yumushoq ayol so‘zlasin.

Azoblarga chidab jonini siqib,
Yengil-yelpi yo‘ldan seskanib, hurkib.
Ko‘chada tentirab yurishdan qo‘rqib
Shanini o‘ylagan ayol so‘zlasin.

Jasurbek der, ayol nomin oqlabon,
Sadoqat, vafoni she‘rdek yodlagan,
Ayollik sha’nini mudom saqlagan
Hayoli, iboli ayol so‘zlasin.

LOLAM

O‘ylab ko‘rsam, o‘zi qadim-azaldan
Bir kam dunyo ekan bu ko‘hna olam.
Shunday ekan, gulim, bu kun yonimda
Yorim yo‘q deb aslo o‘ksinma, lolam.

Sendirsan yor mening umrimning naqshi,
Baxtimdir sen ila ul ikki bolam.
Dunyoda borligim o‘lgandan yaxshi,
Yorim yo‘q deb aslo o‘ksinma, lolam.

Hech bo‘lmasa sizga maktub orqali
Yetib borar mening so‘zlarim, nolam.
Qaddingni tik tutgin, boshingni egib
Yorim yo‘q deb aslo o‘ksinma, lolam.

Bu holni men istab, xohlab qilmadim,
Ishongin, so‘zim chin, ALLOHga qasam.
Uzoqda bo‘lsam-da qalbim san bilan,
Yorim yo‘q deb aslo o‘ksinma, lolam.

Har gal senga atab she’rlar yozsam men,
Sog‘inchdan qo‘limda titraydi qalam.
Bu yerda duolar qilaman senga,
Yorim yo‘q deb aslo o‘ksinma, lolam.

Bilaman, sening ham joning qiynoqda,
Shu sabab yuragim to‘la dard-alam.
Tirikman, inshaolloh diydorlasharmiz,
Yorim yo‘q deb aslo o‘ksinma, lolam.

Umrim o‘tsa o‘tar farzandlarim bor,
Siz borsiz, Jasurbek sira chekmas g‘am
Dunyoda sen uchun o‘lishga tayyor
Ering bor shu bois o‘ksinma, lolam.

OTA

O‘ylamay qilganim bu yanglish xato
Bugun bag‘rim o‘yib, ayladi ado
Bu boshni devorga ursam befoyda,
Diydor qiyomatga qoldimi, ota.

O‘g‘limni ko‘ray deb bir ilinj tutib,
Ko‘zingiz yo‘limga termulib, kutib,
Oxiri ajalning sharobin yutib,
Sabr kosangiz ham to‘ldimi, ota.

Uzoq umr ber deb otam yoshiga,
Tilar edim omon boray qoshiga,
Qo‘rqqani kelarkan inson boshiga,
ALLOH sizni yoniga oldimi, ota.

Endi ovozingiz eshitmoq, tuymoq,
Xizmatingiz qilib,duongiz olmoq
Sizni rozi qilib aybimni yuvmoq
Men uchun armon bo‘ldimi, ota.

Qalbingizga to‘lib sog‘inch armoni,
Yetib manziliga hayot karvoni,
Alamda o‘tgan bu yillar to‘foni,
Oilam bag‘ridan yuldimi, ota.

Yo‘qotib suyanchiq - tog‘ini o‘g‘lim,
Oqizib ko‘z yoshin mehribon qizim,
Sevar yorim yuvib ko‘z yoshga yuzin,
Izingizdan yig‘lab qoldimi, ota.

Ko‘rsatib hayotning sovuq zardini,
Orttirib yurakda alam, gardini
Yolg‘onchi bu dunyo beva dardini
Onamning boshiga soldimi, ota.

Ishonch-u suyanchi og‘a-inimni
Ko‘z quvonchi bo‘lgan opa-singlimni,
Yomondan asragan g‘arib ko‘nglimni
Soyabon chinori so‘ldimi, ota.

O‘tqazib qo‘yaman otamni to‘rga,
Boshimda ko‘tarib qo‘ymayman yerga
Der edim gar endi siz bilan birga
Jasurbek orzusi o‘ldimi, ota.

QALBIMDASAN

Bu dunyo zavqini sandan olganman,
Sen bilan hayotim, baxtga to‘lganman,
Yurakda o‘zgaga joy yo‘qdir aslo,
Qalbimni yor senga berib bo‘lganman.

Yor, sening husningdan men ilhom olib,
Yuzingga boqqanda shodlikka to‘lib,
Ishqingda Mashrabdek devona bo‘lib,
Qalbimni yor senga berib bo‘lganman.

Hayot yo‘llarini yillardir ko‘rib,
Yor seni izladim ko‘zlarim to‘lib,
Topdim-u ismingni yurakka solib,
Qalbimni yor senga berib bo‘lganman.

Sendek yorim bor deb yurakdan jo‘shib,
Har damda sen tomon yugurib, shoshib,
Yuraging yurakka chin dildan qo‘shib
Qalbimni yor senga berib bo‘lganman.

DO‘STLARIM

Har bir so‘zdan bir ilinjni tutarsan,
Sog‘inch qiynar, laxta qonlar yutarsan,
Diydor kunin kelishini kutarsan,
Dard yomoni ayriliqdir do‘stlarim.

Yonda turmas yor taratib tarovat,
Kecha-kunduz yoqdir huzur-halovat,
Qadding bukik senga bo‘lmas salovat,
Dard yomoni ayriliqdir, do‘stlarim.

Tush ko‘rarsan tushda mahbubang go‘yo
Quchog‘ingda turar, uyg‘onsang ro‘yo,
Hijron o‘ti ichra yoqar bu dunyo,
Dard yomoni ayriliqdir, do‘stlarim.

Uyg‘oqsan, har damda esingda yoring,
Hayronsan yo‘q dayin ko‘nglingda boring,
Hayqirsang hech kim ham eshitmas zoring,
Dard yomoni ayriliqdir, do‘stlarim.

Yurgan yo‘ling yotday bo‘lib ketadi,
Sevar yoring ko‘zdan yoshin to‘kadi,
Farzandlaring hajri qadding bukadi,
Dard yomoni ayriliqdir, do‘stlarim.

Erta tursang yaqinlaring ko‘rmaysan,
Ota-onang uzoq, salom bermaysan,
Bayram hayit kuni yayrab bilmaysan,
Dard yomoni ayriliqdir, do‘stlarim.

So‘zlar so‘zing obdon o‘ylab so‘zlaysan,
Alamdan ko‘kga boqib ko‘zlaysan,
Har yerdan bir yaqin dilkash izlaysan,
Dard yomoni ayriliqdir, do‘stlarim.

Jasurbek der, hech kim yolg'iz uchmasin,
Yor o'rniga bolish yostiq quchmasin,
El-yurtidan aslo ayro tushmasin,
Dard yomoni ayriliqdir, do'stlarim.

AYOL UCHUN

Ayol uchun bir ish qilay dunyoda,
Degan fikr chulg'ab olsa xayolni,
Boylik bermang, yetar sevib, ardoqlab,
Bo'yningizga tumor qiling ayolni.

Eridan boshqasin bo'ynin quchmagan,
Ursa ham, so'ksa ham yordan kechmagan,
Juftin yolg'iz qo'yib ko'lga uchmagan
Oqqushlarga misol qiling ayolni.

Bizning uchun yonib, pishib, kuyar u,
Chaqirsak uyquda, bizni tuyar u,
Sevsa ering, chin dildan suyar u,
Sadoqatga timsol qiling ayolni,

Bizga nima keragini bilar u,
Bizning uchun yurak-bag'rin tilar u,
Eng yaxshisin saylab bizga qilar u,
Yuzingizga siz xol qiling ayolni.

SEVDIM YORNI

Sevilgan ayolni o'xshatdim gulga,
U baxtdan ochilib o'xshaydi durga,
Er uni ardoqlab sevmasa agar,
Gulday ayol umri aylanar kulga.

Sevdim yorni dedim, sen mening gulim,
Sen ila yayraydi bu oshiq dilim,
Yolg'onchi dunyoda yashar ekanman,
Sen bilan charog'on bu umr yo'lim.

Sevdim yorni yurak otash qo'ridan,
Joy berdim qalbimning qaynoq to'ridan,
Sevib men sevgidan o'ynadim, kuldim,
Ozgina siqildim hijron zo'ridan.

Sevdim yorni yordan men ilhom olib,
Yuragim o'tini qalbiga solib,
Bu kun ham sevaman shu sevgim sabab
Yor meni kutmoqda ko'zlari to'lib.

Sevdim yorni nozik belidan quchib,
Sevdim men oshkora, turmadim cho'chib,
Sevgimga qilsinlar hammalar havas,
Sevgi fazosida yuraman uchib.

Sevdim yorni umr so'ngiga qadar,
ALLOHIM orzumga yetkazsa agar
O'lguncha boshimda ko'tarib uni
Yuraman u shunga arziydi, tegar.

Sevdim yorni dildan sen dildorim deb,
Ko'hna olam ichra sen betakrorim deb,
Dunyoda yagona yurakdan sevgan
Yolg'izim, yagonam, sen NIGORIM, deb.

HAYOT RISHTASI

Yor, sendan taralar jannat ifori,
Men sening ishqingni oshiq humori,
Dunyoda yagona yolg'iz sendirsan
Qalbimga osilgan sevgi tumori.

Yurakda sen sabab ishqning gulxani,
Yonyapti olamni tutib suroni,
Dunyoda yagona yolg'iz sendirsan
Bu oshiq ko'ngilning sendir sultoni.

Yuragimga to'lib, sog'inch armoni,
O'tyapti umrning yo'li, karvoni,
Dunyoda yagona, yolg'iz sendirsan
Bu oshiq tanamning, dard-u darmoni.

Esimda kamondek qoshing qo'shmasi,
Beg'ubor ko'nglingning to'lib toshmasi,
Dunyoda yagona, yolg'iz sendirsan
Bu oshiq jonimning hayot rishtasi.

QO‘RQARDIM

Yashadim, qo‘rqmadim xatto o‘lishdan,
Zimiston yerlarda yolg‘iz qolishdan,
Qo‘rqqandim bir hadik boshimga keldi,
Qo‘rqardim, yor, sendan uzoq bo‘lishdan.

Qo‘rqmasdim och qolib, unsiz yig‘lashdan,
Azob-uqubatlar bag‘rim tig‘lashdan,
Dunyoda hech qo‘rqmay yashadim, ammo
Qo‘rqardim, yor, sendan uzoq bo‘lishdan.

Yorim, sening charos ko‘zlaring ko‘rmay
Erta tong uyg‘onsam, yoningda turmay
Ayriliq azobi ichra deb qolmay
Qo‘rqardim, yor, sendan uzoq bo‘lishdan.

Yor sening chiroyli, shirin so‘zlaring,
Menga qarab yonib turar ko‘zlaring,
Ko‘rmay qolmayin deb oydek yuzlaring,
Qo‘rqardim, yor, sendan uzoq bo‘lishdan.

Rashkona so‘zlagan so‘z-u kaloming,
Men uchun qilgan ul, duo saloming,
Sog‘inib qolmay deb qosh-u qalaming,
Qo‘rqardim, yor sendan uzoq bo‘lishdan.

Yillar o‘tib borar bir-bir tobora
Jaurbeging kechir, gulim, Nigora,
Men qilib qo‘ymay deb seni ovvora,
Qo‘rqardim, yor, sendan uzoq bo‘lishdan.

FIROQ

Gulim, meni yoqdi, debsan bu firoq,
Ozor berar sizdan bo'lganim yiroq,
Hayotim, sabr qil, bir kun borarman,
Tirikman, o'lgandan ko'ra yaxshiroq.

Shuning uchun shukur qilgin ko'proq,
Mening uchun yasha, yashagin ozroq,
Sensiz yasholmayman sensiz yashamoq
Men uchun har nedan ko'ra og'irroq.

Mayli biz ikkimiz bo'lsak ham yiroq,
Bizlarni qiynasa agar bu firoq,
Kuchli bo'lib biz sevgimiz haqqi,
Sabr qilsak, jonim, bo'lar to'g'riroq.

Sabr haqda senga yozganman she'rlar,
Sabr qilish oson, to'kilmas terlar,
Sabrli ayollar qoshida doim
Ikkilanmay boshin egadi erlar.

Sabr qil, oldingda egayin boshim.
Sen mening baxtimsan, gulim, quyoshim,
Agar senga kerak bo'lsa bu jonim,
Beraman jonimni uymasdan qoshim.

Sababi, sen mening yolg'iz sevganim,
Meni ham sevadi deya bilganim,
Dunyoning gullari ichidan tanho,
Sevib men yurakka olib ilganim.

Sen mening qalbimning kuyi, nolasi,
Farzandlarim baxti, munis onasi,
Jasurbekning qalbi tog' bo'lsa agar,
Bilgin sen bag'rida ungan lolasi…

DUNYO

Men o‘tmishga nazar solsam bir kuni,
Hech kimga vafo qilmagan dunyo.
Kim yolg‘on yo‘lin tanlasa, uni
Go‘yo unga jafo qilmagan dunyo.

Bobomiz Temurni ayaganmi u,
Yo jangda To‘marisni suyaganmi u,
Ularni bilmagan bizni bilarmu,
Shundayin bevafo, yolg‘on dunyo bu.

Shiroqni kesib u quloq-burnini,
Ulug‘bekni o‘ldirib, sotdi o‘rnini,
Nasimiyni so‘yib yordi qornini,
Ularning boshini yegan dunyo bu.

Ibn Sinoni vatangado qildi u,
Navoiyni Gulidan ayro soldi u,
Jaloliddin na Yassaviyni bildi u,
Shayxlarga bevafo bo‘lgan dunyo bu.

Do‘stlarim, o‘ylangiz bizni bilarmu,
Yo bizla qabrga birga ketarmu,
Yo‘q, bizni uzatib o‘zi qolar u,
Sarobga o‘xshagan abgor dunyo bu.

Qush bo‘lib uchsanggiz,,qanotingiz qayirar,
Yurakdan sevsangiz, sevar yordan ayirar,
Yaxshi ishlar qolib, yomon ishga buyurar,
Jasurbekni aldagan, yolg‘on dunyo bu.

JAZOMU

Robbim, baxtim mening shuncha qaromu,
Yoki qilgan ishim boshga balomu,
Allohim, yetar, bas, menga nazar sol,
Azob-u sitaming shuncha bo'lomu.

Yoddan chiqdim qilmishimga jazomu,
Mehr so'zi quruq sas-u sadomu,
Ko'zim yo'lda, eslashmadi yaqinlar,
Mehrlari bo'ldi tamom, adomu.

Yo bosgan qadamim bo'ldi xatomu,
To'g'ri deb men qilgan, ishlar gunohmu,
Xatoligin bilmay qilgan ishimga,
Allohim boshimga shuncha jafomu.

Menday yigit uchun bular ravomu,
Yo aybim, qilganim kayf-u safomu,
To'g'ri yo'lga kirsin deb vaqtincha
Sevar yordan atay qilding judomu.

Bu dunyo havasi endi ro'yomu,
Yo g'amga arzimas yolg'on dunyomu,
To'g'risin o'zing qil, Allohim, bu kun
Qiyomat azobi uchun ziyomu.

YOR, KO'ZLARING DENGIZ

Yor, ko'zlaring dengiz, ul qarosiga
Og'ir toshday tushib men cho'ksam deyman,
Yor, bag'ring chamanzor qoq o'rtasiga
Lolaqizg'aldoqday men bitsam deyman.

Yor, sening sevgingning to'r-tuzog'ida
Oshiq ko'ngling otash o't-o'chog'ida
Muhabbat mehringning keng quchog'ida
Baxtimdan mast bo'lib men yotsam deyman.

Yor, holim bir bora sen so'rashingga
Rashkdan yuragim oh, talashingga
Jilmayib men tomon bir qarashingga
Umrimni bir pulga men sotsam deyman.

Yor, boshda aylangan havas o'ylarga,
Qo'limni muloyim tutgan qo'llarga,
Sen ila yor shodon yurgan yo'llarga,
Shoshaman, bir zumda men yetsam deyman.

Yor, sensiz bosilgan qadamlar uchun,
Farzandlarim qoshi qalamlar uchun,
Yor, senga berilgan alamlar uchun
Dunyoga o't qo'yib men yoqsam deyman.

Yor, tursam tez borib sening boshingda,
Shodlik aks etsa kamon qoshingda
Ko'zingdan oqsa gar quvonch yoshingda,
Bir umr g'arq bo'lib men oqsam deyman.

JON-U JAHONIM

Hijron kamonidan nayza otganda,
Azoblar ketma-ket boshim qoqqanda,
Ayriliq ko'zlarin menga ochganda,
Yor, seni o'ylayman qumsab har onim,
Sen mening yolg'izim, jon-u jahonim.

Sitamlar jonimni o'tga otganda,
Borlig'imni alanga o'ti yoqqanda,
Qiynoqlar jonga ko'z tikib boqqanda,
Yor, seni o'ylayman qumsab har onim,
Sen mening yolg'izim, jon-u jahonim.

Sog'inching malomat toshin otganda,
Hajring yuragimga nishin qoqqanda,
Suratda nigohing ma'yus boqqanda,
Yor, seni o'ylayman qumsab har onim,
Sen mening yolg'izim, jon-u jahonim.

Diydor mendan o'zin uzoq otganda,
Ayriliq oyoqdan chalib qoqqanda,
Mo'ltirab ko'zlarim yo'lga boqqanda,
Yor, seni o'ylayman qo'msab har onim,
Sen mening yolg'izim jon-u jahonim.

Borsam gar, yuragim xanda otganda,
Ko'nglingning eshigin ko'nglim ochganda,
Ko'zlarim ko'zingga chaqnab boqqanda,
Yor, seni o'ylayman qumsab har onim,
Sen mening yolg'izim jon-u jahonim.

DADAM BOR DEB QUVONING

Otalardan so‘z ochilsa bosh egmanglar,
G‘amgin bo‘lib, bolalarim, qad bukmanglar,
Otam yo‘q deb munchoq ko‘zdan yosh to‘kmanglar,
Bu dunyoda dadam bor deb quvoning.

Men yo‘qman, har yerga yetmas qo‘lingiz,
Ne bo‘lsa bo‘lsin-u, bukmang belingiz,
Tik tutib kelishgan qaddu bo‘yingiz,
Dunyoning baxtiga sizlar chulg‘oning,
Bu dunyoda dadam bor deb quvoning.

Otamni tushimda ko‘rsaydim picha,
Degan niyat ila har kuni kecha,
Yotgan farzandlar dunyoda necha,
Men tirikman shukur qiling,t o‘lg‘oning,
Bu dunyoda dadam bor deb quvoning.

Bu mening yo‘qligim sinovdir sizga,
Demang umr bahori aylandi kuzga,
Men boray hammasi tushadi izga,
So‘z beray yurakdan menga ishoning,
Bu dunyoda dadam bor deb quvoning.

Alloh nasib qilsa tezda boraman,
Sizning uchun baxtdan qasr quraman,
Yoshlik davringizni qaytib beraman,
Allohga ishonib mahkam tayaning,
Bu dunyoda dadam bor deb quvoning.

MEHRIBON ELIM

Yuz yillab ayro tushsa ham yo'lim,
Hijron ichra o'tsa mash'um o'n yilim,
Hech qayerga yetmay qolsa bu qo'lim,
Unutmagay meni mehribon elim.

Xizmatlarin qilolmayin qolsam ham,
Yuraklarga hijron o'tin solsam ham,
Ko'risholmay bu yerlarda o'lsam ham,
Unutmagay meni, mehribon elim.

Sababidan voqif qilaymi sizni,
Allohga ming shukur, siylagay bizni,
O'chmas qilib qo'ygan u bizning izni
Unutmagay meni, mehribon elim.

Zurriyodim, farzandlarim ko'rganda,
Jasurbekning bolalari deganda,
Mening nomim bexos tilga kelganda,
Eslashar unutmas mehribon elim.

BAXTIM QUYOSHI

Nega, menga ayting baxtim quyoshi
Boshim uzra porlab nur sochmayapti?
Er yigit omadi ul Humo qushi
Boshim uzra ko'kda hur uchmayapti?

Nega, meni ayting, toleyimni Alloh
Chiroyli va go'zal qilib bichmadi?
Nolidi demanglar, mana necha yil
Gar meni omadim kelib quchmadi.

Nega, meni ayting rahmdil Alloh
Yorim sog'inchida buncha qiynaydi?
Necha yildir azob chekaman, ammo
Hijron qonim so'rib aslo to'ymaydi.

Nedan, bilasizmi yurakda nola,
Sababi yorimning sog'inchi dilda,
Sog'indim yorimning xushbo'y iforin
Izladim, topmadim hech qaysi gulda.

Nedan, bilasizmi alamli dilim,
Yorimning jamolin ko'rmadim yillab,
Qanchalar sog'insam, istasamda gar,
Bu yerda iforing bilmayman hidlab.

MEN BILAN O‘TGAN DAMLARNI ESLA!

Mash’um bu ayriliq boshingda tursa,
Hijron qiynab joning bo‘g‘zingga kelsa,
Bu azoblar, Gulim, yuraging tilsa,
Meni bu dunyoda borligim ila
Men bilan o‘tgan damlarni esla.

Uyning yumushlari holdan toydirsa,
Yolg‘onchi azobi holdan to‘ydirsa.
Ayriliq vujuding yoqib kuydirsa,
Meni bu dunyoda borligim ila
Men bilan o‘tgan damlarni esla.

Bolalar harxashasi charchatib qo‘ysa,
Savollari yurak-bag‘ringni o‘ysa,
Sabr kosang, yorim, limmo-lim to‘lsa,
Meni bu dunyoda borligim ila
Men bilan o‘tgan damlarni esla.

Kutish bilan yoshlik chog‘laring o‘tsa,
Uf cheksang nolang, ko‘klarga yetsa.
To‘kkan ko‘z yoshingdan maysalar o‘ssa,
Meni bu dunyoda borligim ila
Men bilan o‘tgan damlarni esla.

Farzandlarim senga meni eslatsa,
Meni ro‘kach qilib ag‘yor yig‘latsa,
O‘ksinsang, yaqinlarim seni yupatsa,
Meni bu dunyoda borligim ila
Men bilan o‘tgan damlarni esla.

Yuragingni sog‘inch timdalab yulsa,
Meni eslab ko‘zga jiqqa yosh kelsa,
O‘zgalar ko‘rsa-yu, sababin so‘rsa,
Meni bu dunyoda borligim ila
Men bilan o‘tgan damlarni esla.

Allohga qilgan nolamiz yetsa,
Allohim duomiz ijobat etsa,
Jasurbek tez borib qo'lingdan tutsa,
Allohga hamd va shukurlar ila
Ko'ksimga bosh qo'yib bu she'rni esla!

SOG'INDIM

Uyga kelgan chog'im yor menga qarab,
Sog'inib yugurgan yo'ling sog'indim.
Keldingizmi debon sevinib, yorim,
Boshimni silagan qo'ling sog'indim.

Biz birga yashagan baxtli uyimiz,
Bog'ida har bosgan izing sog'indim.
Bag'rimda erkalab menga yor oshiq,
To'xtamay gapirgan so'zing sog'indim.

Kecha-kunduz menga tinchlik bermagan,
Hayolim o'g'risi, yuzing sog'indim.
Yor menga mehrla boqib to'ymagan,
Shaxlo, qaro, charos ko'zing sog'indim.

Menga boqib har dam tabassum qilsang,
Yuzingga yarashgan guling sog'indim.
Garchi so'zlaganda asali tomib,
So'zlagan zaboning, tiling sog'indim.

Uyquga ketganing chog'i yuzingdan
Taralgan ziyo-yu nuring sog'indim.
Uyg'onib gapirsang, lablaring aro
Ko'ringan tishlaring, during sog'indim.

Men o'yin qilganda, meni shod qilgan,
Xandon otib kulgan kulging sog'indim.
Jasurbekni dildan erkalab sevgan,
Yor, sening betakror sevging sog'indim.

DERLAR

Alloh deya so‘rganga
Javoblari bor derlar,
Yaxshi amal qilganga,
Savoblari bor derlar.

Robbin tanib bilganga,
To‘g‘ri yo‘lda yurganga,
Xizmatini qilganga
Himmatlari bor derlar.

Savobi ko‘p bo‘lganga,
Qalbi nurga to‘lganga,
Vatan deya o‘lganga,
Jannatlari bor derlar.

Loyiq bo‘lib hurmatga,
Erishib gar himmatga,
Yetsa agar jannatga,
Xirmonlari bor derlar.

Jannatning toshlari dur,
Kecha-yu kunduzi nur,
Chor tarafi to‘la hur,
Juvonlari bor derlar.

Ayvonlar nurga to‘lgan,
Xizmatkorlar shay turgan,
Keng dunyo qadar bo‘lgan,
Qo‘rg‘onlari bor derlar.

Erta qiling savobni,
Alloh so‘rsa so‘roqni,
Berolmasang javobni,
Armonlari bor derlar.

Allohni bilmaganga,
Amalin qilmaganga,
Nasihat olmaganga.
G‘azablari bor derlar.

Gunoh ish ishlaganga,
Harom non tishlaganga,
Amali pishmaganga,
Azoblari bor derlar.

Harom joyda yurganga,
Halolin chet surganga,
Nohaqqa jim turganga,
Do‘zaxlari bor derlar.

MUNDARIJA

MIX
Papier aus verantwortungsvollen Quellen
Paper from responsible sources
FSC® C105338

Printed by Books on Demand GmbH, Norderstedt / Germany

Printed by Books on Demand GmbH, Norderstedt / Germany